A POESIA DO NOME

Maria Viana

Seleção, organização, notas biográficas e glossário

elo
EDITORA

Texto fixado conforme o Acordo Ortográfico da Língua Portuguesa de 1990 (Decreto Legislativo nº 54, de 1995), que entrou em vigor no Brasil em 2009.

Publisher: **Marcos Araújo**
Gerente editorial: **Cecilia Bassarani**
Editora: **Camila Saraiva**
Editora de arte: **Susana Leal**
Designers: **Giovanna Romera** e **Thaís Pelaes**
Projeto gráfico: **Susana Leal**
Preparação: **Helô Beraldo**
Revisão: **Elisa Martins**

Obras de arte que constam neste livro:
Beatriz d'Este, de Bartolomeo Veneto
Cleópatra, de Michelangelo Buonarroti
Dulcineia de Toboso, de Charles Robert Leslie
Embarque de Helena de Troia, de Jacopo Amigoni
Julieta, de John William Waterhouse
Marília de Dirceu, de Alberto Guignard
Horácio e Lídia, de John Collier
Retrato de uma jovem mulher (Laura), de Giorgione
Ofélia, de John William Waterhouse
Salomé com a cabeça de São João Batista, de Lucas Cranach

Dados Internacionais de Catalogação na Publicação (CIP)
(Câmara Brasileira do Livro, SP, Brasil)

A poesia do nome / seleção, organização, notas biográficas e glossário Maria Viana. – São Paulo : Elo Editora, 2024.

Vários autores.
Bibliografia.
ISBN 978-65-80355-98-3

1. Poesia - Coletâneas I. Viana, Maria.

24-193689 CDD-808.81

Índice para catálogo sistemático:

1. Poesia : Antologia : Literatura 808.81

Tábata Alves da Silva - Bibliotecária - CRB-8/9253

Elo Editora Ltda.
Rua Laguna, 404
04728-001 – São Paulo (SP) – Brasil
Telefone: (11) 4858-6606
www.eloeditora.com.br

eloeditora eloeditora eloeditora

Para o Mário, o amigo de todas as horas.

SUMÁRIO

Apresentação

Na obra de Dante Alighieri, Beatriz simboliza o amor inatingível que só pode se realizar no plano espiritual. Ela é a musa que conduz o eu-lírico ao Paraíso na célebre obra *A divina comédia* (c. 1304-1321), mas para Beatriz foram dedicados também vários poemas, publicados no livro *Vida nova* (1292-1293), em que Dante narra sua juventude e lamenta a morte prematura da amada. É com versos extraídos dessa obra que abrimos esta antologia, que tem como eixo integrador poemas inspirados em dez nomes femininos.

Todavia, se a Beatriz evocada pelo poeta italiano simboliza o amor idealizado, a musa de Gregório de Matos, cantada sob o mesmo nome, desperta desejos carnais que incendeiam um poema erótico satírico. Por sua vez, a Beatriz exaltada por Humberto de Campos tem olhos e lábios mais brilhantes que as pedras preciosas ambicionadas pelos bandeirantes.

Cleópatra, rainha egípcia que despertou a paixão de dois romanos poderosos, Júlio César e Marco Antônio, inspirou poetas de todos os tempos e nacionalidades. Alguns exultam sua beleza e vaidade; outros, sua autoridade de rainha que escravizava não só por seu poder régio, mas também por sua capacidade de seduzir todos os que dela se aproximavam.

Abrimos o bloco sobre Dulcineia com um soneto retirado da famosa obra de Cervantes, *Dom Quixote de La Mancha*, em que uma camponesa ganha estatuto de grande dama da nobreza. Mas a fama da mulher idealizada pelo cavaleiro andante correu mundo e inspirou muitos outros poetas, como o brasileiro Álvares de Azevedo e o português Nicolau Tolentino.

O poeta francês Pierre de Ronsard, o português Almeida Garrett e o alemão Heinrich Heine exultam a beleza e o poder de sedução de Helena. Entretanto, não podemos nos esquecer de que esse nome está intimamente ligado à tradição grega, pois foi o rapto da esposa de Menelau, Helena, por Páris que deflagrou a Guerra de Troia, registrada nas obras de Homero.

Assim como acontecera com Dante e Beatriz, Laura foi a musa inspiradora de Petrarca. É por meio desse amor idealizado que há uma comunicação com o plano divino, o que pressupõe o aperfeiçoamento moral. Nesta antologia, incluímos também poemas de João de Lemos, poeta romântico português, e do realista Cesário Verde, em que Laura é o tema. Esta é uma boa oportunidade para se observar como a idealização do amor ganha contornos distintos nos diferentes estilos de época.

Lídia vem da tradição clássica latina. Horácio dedica-lhe várias odes, nas quais é apresentada como uma mulher madura e sedutora, que tem certa predileção por homens mais jovens, não dando atenção ao eu-lírico que, enciumado, lamenta o amor não correspondido. O nome é cantado também pelos portugueses Fernando Pessoa, por meio de seu heterônimo Ricardo Reis, e Correia Garção.

Marília é bastante conhecida graças à obra *Marília de Dirceu*, do poeta português Tomás Antônio Gonzaga, que viveu durante muitos anos no Brasil, onde produziu grande parte de sua obra. A pastora

Marília é cantada também pelo poeta português Bocage e pelo brasileiro Alvarenga Peixoto.

Já os nomes Julieta e Ofélia entraram para a memória literária pelas mãos de Shakespeare. Contudo, se, por um lado, a famosa peça do dramaturgo inglês *Romeu e Julieta*, da qual apresentamos uma cena traduzida por Olavo Bilac, inspirou o soneto de Alphonsus de Guimaraens, por outro, foi a atriz Julieta dos Santos quem motivou algumas criações de Cruz e Sousa.

Ofélia, personagem da obra *Hamlet*, é retomada por vários poetas simbolistas de diferentes nacionalidades. Nesta seleção, sua morte é retratada pelos poetas brasileiros Alceu Wamosy e Machado de Assis e pelo português Mário de Sá-Carneiro.

A personagem bíblica Salomé, que encanta Herodes com sua dança sensual e pede como recompensa a cabeça de João Batista, foi vigorosamente retratada em inúmeras produções artísticas. Ao lado da morte de Ofélia, é tema recorrente nas criações dos simbolistas. Nesta antologia, incluímos poemas do brasileiro Fagundes Varela, do português Mário de Sá-Carneiro e do francês Guillaume Apollinaire.

Vários artistas plásticos também criaram obras de arte inspiradas nessas mulheres reais ou imaginárias. Por isso, usamos reproduções de algumas pinturas que representam essas personagens femininas para ilustrar esta antologia, mostra de que a poesia de um nome pode ser expressa por meio de palavras, sonoridades, gestos e cores.

Maria Viana
é escritora, tradutora e pesquisadora.

BEATRIZ

Dante Alighieri

Os olhos, lastimando o coração,

Tanto a pena sofreram de chorar,
Que se deram, agora, por vencidos.
Se quero, pois, desafogar a dor
Que a pouco e pouco me conduz à morte,
Devo falar soltando os meus lamentos.
E, como me recordo que falei
De minha amada, enquanto ela viveu,
Convosco, gentis damas, de bom grado,
Falar não quero a outrem
Senão a coração gentil de dama;
E dela falarei chorando, pois
Que se foi para o céu subitamente
Deixando Amor a padecer comigo.

Dirigiu-se Beatriz para o alto céu,
Para o reino onde os anjos gozam paz,
E assim, mulheres, vos abandonou.
Não no-la arrebatou do gelo o frio,
Nem o calor, como sucede a outras,
Mas a sua bondade e nada mais;
Que da sua humildade a luz intensa
Atravessou os céus com tanta força
Que ao eterno senhor fez maravilha
Tal que o doce desejo
Lhe veio de chamar tanta virtude;
E fê-la ir habitar junto de si,
Pois viu esta vida tormentosa
Não merecia cousa tão gentil.

Da formosa pessoa despediu-se
Aquela alma gentil cheia de graça,
E reside, gloriosa, em digno pouso,
Quem não na chora, quando nisso pensa,
Tem coração de pedra e tão perverso
Que não recebe espírito benigno.
Não tem as almas vis tão alto engenho[1]
Que consigam, sequer, imaginá-la:
Por isso, de chorar não têm desejo.
Mas, tristeza e vontade
De suspirar e de morrer de pranto,
A própria alma privando de conforto,
Tem aquele que pensa, alguma vez,
Quem ela foi e por que foi levada.

1 Engenho: talento, habilidade, capacidade de invenção.

Forte angústia produzem-me os suspiros,
Quando a razão me traz à mente triste
Aquela que partiu meu coração;
E, pensando na morte, muitas vezes
Dela me vem desejo tão suave,
Que se transmuta a cor do meu semblante.
E, quando o meu delírio é muito intenso,
Tão profundo desgosto me domina
Que até desperto pela dor que sinto.
E me transformo tanto
Que das gentes me afasto de vergonha.
Depois, chorando, só, no meu lamento,
Chamo Beatriz e digo: "Estás tu morta?"
E, enquanto assim a chamo, me consolo.

Chorar de dor e suspirar de angústia
Me abatem tanto quando estou sozinho,
Que se desgostaria quem me ouvisse:
E qual tem sido a vida minha, após
Sua partida para o novo século,
Língua alguma dizê-lo poderia.
Assim, senhoras, mesmo que eu quisesse,
Não vos diria bem o que ora sou:
Tanto me faz penar a vida acerba,[2]
Que me parece ouvir
Cada homem me dizer: "Eu te abandono",
Ao notar os meus lábios descorados.
Mas, quanto sofro, minha amada o sabe,
E, por isso, ainda espero a sua graça.

---

2 Acerba: dolorosa, amarga.

Gregório de Matos

Soneto

Senhora Beatriz: foi o demônio
Este amor, esta raiva, esta porfia,[3]
Pois não canso de noite nem de dia
Em cuidar nesse negro matrimônio.

Oh se quisesse o padre Santo Antônio,
Que é santo, que aos perdidos alumia,[4]
Revelar-lhe a borrada serventia
Desse noivo, essa purga,[5] esse antimônio![6]

Parece-lhe que fico muito honrado
Em negar-me por velho essa clausura?
Menos mal me estaria o ser capado.

Não sofro esses reveses da ventura,
Mas antes prosseguindo o começado
A chave lhe hei de pôr na fechadura.

---

3 Porfia: disputa, contenda.
4 Alumia: ilumina.
5 Purga: purificação.
6 Antimônio: semimetal usado, no passado, em recipientes nos quais se guardava vinho para oxidá-lo e também na preparação de cosméticos e medicamentos.

Humberto de Campos

Beatriz

Bandeirante a sonhar com pedrarias
Com tesouros e minas fabulosas,
Do Amor entrei, por ínvias[7] e sombrias
Estradas, as florestas tenebrosas.

Tive sonhos de louco, à Fernão Dias...[8]
Vi tesouros sem conta: entre as umbrosas[9]
Selvas, o ouro encontrei, e o ônix, e as frias
Turquesas, e esmeraldas luminosas...

E por eles passei. Vivi sete anos
Na floresta sem fim. Senti ressábios[10]
De amarguras, de dor, de desenganos.

Mas voltei, afinal, vencendo escolhos,[11]
Com o rubi palpitante dos seus lábios
E os dois grandes topázios dos seus olhos!

---

7 Ínvias: em que não há caminho, intransitáveis.
8 Fernão Dias: refere-se ao bandeirante paulista Fernão Dias Paes, também conhecido como "O Caçador de Esmeraldas".
9 Umbrosas: sombrias, escuras.
10 Ressábios: espantos.
11 Escolhos: rochedos.

Biografia dos poetas

DANTE ALIGHIERI

[Florença (Itália), 1265 — Ravena (Itália), 1321]

Considerado o maior poeta italiano de todos os tempos, Dante não escreveu apenas literatura, mas também obras de teologia, filosofia, astronomia, ciências, história e geografia. Todavia, ele é comumente lembrado como autor da obra *A divina comédia*, em que exalta a idealização do amor-perfeição na figura de Beatriz. Filho de importante família florentina, pouco se sabe de sua formação a não ser que, desde a mais tenra idade, teve contato com a obra de poetas latinos como Horácio e Virgílio. Casou-se com Gemma Donati, com quem teve vários filhos. Ainda jovem, conheceu Beatrice Portinari e, na obra *Vida nova*, o poeta alega tê-la visto pela primeira vez quando tinha apenas 9 anos. Há quem diga que eles jamais conversaram, mas fato é que esse amor por Beatriz se tornou a justificativa para sua criação poética. Quando da morte da musa, em 1290, Dante passou a dedicar-se aos estudos religiosos e filosóficos. Teve também intensa participação na vida militar e política de sua cidade e envolveu-se em disputas políticas que culminaram com seu exílio em 1301. Foi nessa época que começou a escrever *A divina comédia*. Trabalhou também como médico e farmacêutico.

GREGÓRIO DE MATOS E GUERRA

[Salvador (BA), 1636 — Recife (PE), 1696]

Filho de um fidalgo português estabelecido no Recôncavo Baiano como senhor de engenho, estudou no Colégio dos Jesuítas, em Salvador, e depois foi para Coimbra, em Portugal, graduar-se em Direito. Retornou ao Brasil em 1681 e exerceu as funções de tesoureiro-mor e vigário-geral da Companhia de Jesus. Usava seus poemas para satirizar os costumes de todas as camadas da sociedade baiana, do clero ao administrador português, o que explica a alcunha "Boca do Inferno". Durante um período da vida, abandonou a família e os cargos públicos para perambular pelo Recôncavo como cantador. Foi nessa época que conviveu com as camadas menos favorecidas economicamente da população e dedicou-se com afinco à poesia satírica. A virulência de suas críticas à corrupção, aos desmandos da administração portuguesa e aos fidalgos estabelecidos na Bahia lhe valeu a deportação para Angola. Anos depois, voltou ao Brasil, mas foi proibido de pisar em terras baianas. Fixou-se em Pernambuco, vindo a falecer em Recife, em 1696.

HUMBERTO DE CAMPOS VERAS

[Miritiba, atual Humberto de Campos (MA), 1886 — Rio de Janeiro (RJ), 1934]

Trabalhou como jornalista, político, crítico, cronista, contista, poeta, biógrafo e memorialista. Órfão de pai aos 6 anos, mudou-se para São Luís, de onde, aos 17 anos, mudou-se para o Pará. Trabalhou como redator na *Folha do Norte* e no jornal *Província do Pará*. Em 1910, publicou seu primeiro livro, a coletânea de versos *Poeira*. Em 1912, mudou-se para o Rio de Janeiro, onde trabalhou em vários jornais. Em 1920, foi eleito deputado federal pelo Maranhão. Trabalhou como inspetor de ensino e foi diretor da Casa de Rui Barbosa. Autodidata e grande leitor, seu livro *Poeira* é uma das últimas obras da escola parnasiana no Brasil. Em 1919, foi eleito imortal pela Academia Brasileira de Letras.

CLEÓPATRA

Paul Verlaine

Uma grande dama

Bela “a condenar os santos”, a perturbar sob a murça[12]
Um velho juiz! Caminha majestosamente
Ela fala — e seus dentes têm brilho reluzente
Italiana, com um ligeiro acento de russa.

Seus olhos frios, esmaltados pelo azul da Prússia,
brilham insolentes como duro diamante.
Pelo esplendor do seio, pela luminosidade
da pele, não há rainha ou cortesã que a ela se compare.

Cleópatra, o lince ou a felina Ninon,[13]
Não alcançam a sua beleza romana!
Veja Buridan:[14] “Uma grande dama!”

---

12 Murça: vestimenta usada pelos cônegos e juízes.

13 Ninon: Anne de l’Enclos (1620-1705), escritora e intelectual francesa, conhecida como Ninon de Lenclos. Recusou-se a se casar ou a viver em um convento, como era conveniente para as mulheres da sua classe social à época. Foi amante de nobres como o rei Luís II de Bourbon e o duque Louis de Rouvroy. Não recebia apoio financeiro de nenhum homem com quem se relacionava, vivendo com seus próprios recursos, administrados por ela mesma, o que também era incomum para uma mulher do seu tempo. A independência de ideias e as polêmicas que causava com seu comportamento libertário levaram-na a ser presa em um convento. Foi quando contou com o apoio de outra mulher, a rainha Cristina da Suécia, que intercedeu por sua liberdade. A partir de 1660, passou a dedicar-se com mais afinco à literatura e abriu um dos salões literários mais importantes da época, que era frequentado por nobres, como a princesa Carlota da Baviera, e escritores, como Charles Perrault e Jean de La Fontaine.

14 Buridan: alusão a uma cena da peça de teatro *A torre de Nesle*, drama de Alexandre Dumas e Félix Gaillardet. A peça foi inspirada em fatos históricos, envolvendo o adultério e a punição da rainha francesa Margarida de Borgonha. Buridan é retratado como um de seus possíveis amantes.

É preciso — não há meio! — ajoelhar-se aos pés dela.
Para adorá-la, adornar com estrelas seus cabelos,
Ou lhe chicoteará a face, esta mulher!

Machado de Assis

Cleópatra

Canto de um escravo

(Mme. Émile de Girardin)

Filha pálida da noite,
Nume feroz de inclemência,
Sem culto nem reverência,
Nem crentes e nem altar,
A cujos pés descarnados...
A teus negros pés, ó morte!
Só enjeitados da sorte
Ousam frios implorar;

Toma a tua foice aguda,
A arma dos teus furores;
Venho c'roado[15] de flores
Da vida entregar-te a flor;
É um feliz que te implora
Na madrugada da vida,
Uma cabeça perdida
E perdida por amor.

15 C'roado: forma contraída de "coroado".

Era rainha e formosa,
Sobre cem povos reinava,
E tinha uma turba escrava
Dos mais poderosos reis.
Eu era apenas um servo,
Mas amava-a tanto, tanto,
Que nem tinha um desencanto
Nos seus desprezos cruéis.

Sem falar-lhe nem ouvi-la;
Vivia distante dela
Só me vingava em segui-la
Para a poder contemplar;
Era uma sombra calada
Que oculta força levava,
E no caminho a aguardava
Para saudá-la e passar.

Um dia veio ela às fontes
Ver os trabalhos... não pude,
Fraqueou minha virtude,
Caí-lhe tremendo aos pés.
Todo o amor que me devora,
Ó Vênus, o íntimo peito,
Falou naquele respeito,
Falou naquela mudez.

Só lhe conquistam amores
O herói, o bravo, o triunfante;
E que coroa radiante
Tinha eu para oferecer?
Disse uma palavra apenas
Que um mundo inteiro continha:
— Sou um escravo, rainha,

Amo-te e quero morrer.
E a nova Ísis que o Egito
Adora curvo e humilhado
O pobre servo curvado
Olhou lânguida a sorrir;
Vi Cleópatra, a rainha,
Tremer pálida em meu seio;
Morte, foi-se-me o receio,
Aqui estou, podes ferir.

Vem! que as glórias insensatas
Das convulsões mais lascivas,
As fantasias mais vivas,
De mais febre e mais ardor,
Toda a ardente ebriedade
Dos seus reais pensamentos,
Tudo gozei uns momentos
Na minha noite de amor.

Pronto estou para a jornada
Da estância escura e escondida;
O sangue, o futuro, a vida
Dou-te, ó morte, e vou morrer;
Uma graça única — peço
Como última esperança:
Não me apagues a lembrança
Do amor que me fez viver.

Beleza completa e rara
Deram-lhe os numes[16] amigos;
Escolhe dos teus castigos
O que infundir mais terror,
Mas por ela, só por ela
Seja o meu padecimento
E tenha o intenso tormento
Na intensidade do amor.

Deixa alimentar teus corvos
Em minhas carnes rasgadas,
Venham rochas despenhadas
Sobre o meu corpo rolar,
Mas não me tires dos lábios
Aquele nome adorado,
E ao meu olhar encantado
Deixa essa imagem ficar.

---

16 Numes: gênios, inspirações.

Posso sofrer os teus golpes
Sem murmurar da sentença;
A minha ventura é imensa
E foi em ti que eu a achei;
Mas não me apagues na fronte
Os sulcos quentes e vivos
Daqueles beijos lascivos
Que já me fizeram rei.

Olavo Bilac

Cleópatra

"Cleópatra diffidava... Fu persuasa che il vincitore la destinava al trionfo... Ottaviano, corse in gran fretta a salvare la sua preda, la trovó, sul letto, adorna della sua più bella veste di regina, addormentata per sempre..."
(G. Ferrero — *Grandezza e decadenza di Roma*)[17]

Não! que importava a queda, e o epílogo do drama:
O trono, o cetro, o povo, o exército, o tesouro,
As províncias, a glória, e as naus, no sorvedouro[18]
De Actium,[19] e Alexandria[20] entregue ao saque e à chama?

---

17 "Cleópatra desconfiava... Foi levada a crer que o vencedor iria entregá-la ao triunfo... Otávio se apressou para salvar a sua presa, a encontrou na cama, ornada com seu mais belo vestido de rainha, adormecida para sempre..." (G. Ferrero — *Grandeza e decadência de Roma*). Epígrafe traduzida por Eugenio Lucotti, a quem agradeço a gentileza.

18 Sorvedouro: redemoinho de água que ocorre no rio ou no mar.

19 *Actium*: grafia latina de Ácio. O eu-lírico refere-se à Batalha de Ácio, ocorrida em 2 de setembro de 31 a.C., na Grécia Antiga, perto do templo de Ácio, consagrado ao deus Apolo. Essa batalha pôs fim à guerra civil romana liderada por Marco Antônio e Otávio. Marco Antônio tinha o apoio de Cleópatra, a rainha do Egito. As frotas de Otávio, comandadas por Marco Agripa, venceram a batalha. Essa data marca o fim da República e o início do Império Romano.

20 Alexandria: cidade fundada por Alexandre Magno em 332 a.C., no Egito. Foi uma das cidades mais importantes do mundo antigo. A cidade abrigou o Farol de Alexandria, uma das sete maravilhas do mundo antigo e a Biblioteca de Alexandria. A entrada do Egito na guerra entre os romanos implicou a tomada da cidade pelos vencedores.

Não! que importava o horror da entrada em Roma: a fama
De Otávio,[21] e o seu triunfo, entre a púrpura e o louro,
E a plebe em grita, e o céu cheio das águias de ouro,
E o Egito, e o seu império, e os seus troféus, na lama?

Não! que importava o amor perdido? Que importava
O naufrágio do orgulho, a vergonha, a tortura
Do ódio do vencedor ou da piedade alheia?

Mas entrar desgrenhada, envelhecida, escrava,
Rota, sem o arraiar da sua formosura,
Sol sem fulgor...
                    Matou-a o medo de ser feia.

21 Otávio: fundador do Império Romano e seu primeiro imperador, quando recebeu o nome de Augusto. Ele governou de 27 a.C. até sua morte, em 14 d.C.

Biografia dos poetas

PAUL-MARIE **VERLAINE**

[Metz (França), 1844 — Paris (França), 1896]

Estudou no Liceu Bonaparte, em Paris. Casou-se em 1870, mas deixou a esposa e o filho para viver com o também poeta Arthur Rimbaud. Em 1873, atirou no companheiro após uma briga e foi condenado a dois anos de prisão. O livro *Romances sans paroles* [*Romances sem palavras*], publicado em 1874, foi escrito na prisão. Mudou-se para a Inglaterra, onde trabalhou como professor de francês. Em 1883, retornou a Paris. Com a obra *Les poètes maudits* [*Os poetas malditos*], publicada em 1884, reapareceu no cenário literário francês como poeta simbolista de grande influência.

JOAQUIM MARIA **MACHADO DE ASSIS**

[Rio de Janeiro (RJ), 1839-1908]

Órfão de pai e mãe ainda criança, foi criado pela madrasta. Aprendeu francês e latim com um padre amigo da família, mas foi como autodidata que construiu sua vasta cultura literária. Aos 16 anos, começou a trabalhar como tipógrafo aprendiz na Imprensa Nacional. Aos 18 anos, trabalhando na editora de Paula Brito, publicou seus primeiros poemas na revista *A Marmota*. Trabalhou no *Diário Oficial* de 1867 a 1873, e depois assumiu um cargo público na Secretaria da

Agricultura. Ao longo de toda a vida, conciliou esse trabalho burocrático com a publicação de seus contos, poemas, peças teatrais e romances. Já em sua época, foi considerado o maior romancista brasileiro. Foi um dos fundadores e o primeiro presidente da Academia Brasileira de Letras.

OLAVO BRÁS MARTINS DOS GUIMARÃES **BILAC**
[Rio de Janeiro (RJ), 1865-1918]

Iniciou o curso de Medicina, no Rio de Janeiro, e o de Direito, em São Paulo, mas não terminou nenhum deles, pois cedo foi atraído pela carreira jornalística e pelo fazer poético. Foi indicado para vários cargos públicos, como o de secretário da Conferência Pan-Americana do Rio, em 1906, e o de secretário do prefeito do Distrito Federal, em 1907. Nos últimos anos de sua vida, dedicou-se quase exclusivamente a escrever para crianças.

DULCINEIA

Miguel de Cervantes

Soneto

Esta que vês de rosto deformado,
alta de peitos e ademã[22] brioso,
é Dulcineia, rainha do Toboso,[23]
de quem esteve o grão Quixote enamorado.

Pisou por ela um e outro lado
da grande serra Negra, e o bem famoso
campo de Montiel,[24] e o chão relvoso
de Aranjuez,[25] a pé e fatigado.

Culpa de *Rocinante*! Ó dura estrela!
Que esta manchega[26] dama e este invicto
andante cavaleiro, em tenros anos

---

22 Ademã: derivado de "ademane", gesto, trejeito.

23 Toboso: refere-se a El Toboso, munícipio atualmente localizado na província de Toledo, na Espanha. Lá vivia Dulcineia, a mulher idealizada por Cervantes na obra clássica *Dom Quixote de La Mancha*, que, também na ficção, era a rude camponesa Aldonza Lorenzo, considerada uma grande dama por Dom Quixote em seus delírios.

24 Campo de Montiel: comarca da Espanha, atualmente formada por 21 municípios.

25 Aranjuez: cidade da Espanha.

26 Manchega: derivado de "*manchego*", adjetivo criado por Cervantes para referir-se à personagem Dom Quixote.

ela deixou, morrendo, de ser bela,
ele, ainda que em mármores inscrito,
Não evitou o amor iras e enganos.

Álvares de Azevedo

Namoro a cavalo

Eu moro em Catumbi. Mas a desgraça
Que rege minha vida malfadada
Pôs lá no fim da rua do Catete
A minha Dulcineia namorada.

Alugo (três mil réis) por uma tarde
Um cavalo de trote (que esparrela!)
Só para erguer meus olhos suspirando
A minha namorada na janela...

Todo o meu ordenado vai-se em flores
E em lindas folhas de papel bordado
Onde eu escrevo trêmulo, amoroso
Algum verso bonito... mas furtado.

Morro pela menina, junto dela
Nem ouso suspirar de acanhamento...
Se ela quisesse eu acabava a história
Como toda a Comédia — em casamento.

Ontem tinha chovido... que desgraça!
Eu ia a trote inglês[27] ardendo em chama,
Mas lá vai senão quando uma carroça
Minhas roupas tafuis[28] encheu de lama...

Eu não desanimei. Se Dom Quixote
No Rocinante erguendo a larga espada
Nunca voltou de medo, eu, mais valente
Fui mesmo sujo ver a namorada...

Mas eis que no passar pelo sobrado
Onde habita nas lojas minha bela
Por ver-me tão lodoso ela irritada
Bateu-me sobre as ventas a janela...

O cavalo ignorante de namoros
Entre dentes tomou a bofetada,
Arrepia-se, pula e dá-me um tombo
Com pernas para o ar, sobre a calçada...

---

27 Trote inglês: tipo de andadura do cavalo; neste caso, a passos curtos e lentos.
28 Tafuis: vestes da pessoa que se traja de forma esmerada e elegante.

Dei ao diabo os namoros. Escovado
Meu chapéu que sofrera no pagode[29]
Dei de pernas corrido e cabisbaixo
E berrando de raiva como um bode.

Circunstância agravante. A calça inglesa
Rasgou-se no cair de meio a meio,
O sangue pelas ventas me corria
Em paga do amoroso devaneio!...

29 Pagode: pândega, bagunça.

Nicolau Tolentino

Quixotada

Espicaça[30] este animal,
Companheiro Sancho Pança,
Entremos em Portugal
E vamos molhar a lança
A pró do triste Pombal.[31]

Poetas principiantes,
Já estou em circo raso;
Também Apolo é Cervantes,
Também cria no Parnaso
Seus cavaleiros andantes.

[...]

---

30 Espicaça: toca com um instrumento aguçado; neste caso, as esporas usadas pelos cavaleiros para estimular o cavalo a trotar.

31 Pombal: o eu-lírico refere-se ao nobre português Sebastião José de Carvalho e Melo (Lisboa, 1699 — Pombal, 1782), também conhecido como Marquês de Pombal. Ele foi diplomata, estadista e secretário do Reino durante o reinado de D. José I.

Santo Tejo, o curso enfreia,
E montando rochas duras,
Torna atrás a clara veia;
Conta novas aventuras
À formosa Dulcineia.

[...]

Irmão Sancho, põe-te a pé,
Põe essas rimas a prumo,
Princípio à obra se dê;
Tolde[32] o ar o negro fumo
Deste novo auto-da-fé.

Queima essas sátiras frias,
Faltas de siso e conselho;
Queima prosas e poesias;
Acabe o cansado velho
Em paz os seus tristes dias.

Porém poupa sempre alguma
Das raras que têm sabor;
Das outras nem deixes uma,
Dessas que tudo é rancor
E poesia nenhuma.

---

32 Tolde: cubra, obscureça.

Em tanto as armas pendura;
Mas se houver desassisados[33]
Que queiram guerra mais dura,
Da minha lança cortados
Morderão a sepultura.

Já nuvens de fumo vejo,
Já chama brilhante o arreda,
Já se farta o meu desejo,
Já da viva lavareda[34]
Dá o clarão sobre o Tejo.

Essas cinzas denegridas[35]
Que ao velho poupam mil mágoas,
Leve-as o Tejo envolvidas,
Fiquem no fundo das águas
Para sempre submergidas.

Vês, Sancho, do nome meu
Como voa a clara fama!
Nem vivalma apareceu
A apagar a voraz chama,
Ninguém, ninguém se atreveu!

---

33 Desassisados: insensatos.

34 Lavareda: o mesmo que "labareda".

35 Denegridas: maculadas, sujas.

Vês como ajuda o destino
A um bom cavaleiro andante!
Nem precisei de aço fino
Nem dos pés de Rocinante,
Nem do elmo de Mambrino.[36]

Ó tu que alçaste a viseira[37]
Forcejando os nervos velhos
E para ver a fogueira
Limpaste os olhos vermelhos
Na felpuda cabeleira,

Abaixa a proa uma vez,
Chega a Dulcineia bela
E dize, posto a seus pés:
"Formosíssima donzela
Eu sou um triste marquês,

"Que fugindo a um povo inteiro,
A quem metera em furor
Minha privança e dinheiro,
Vim achar mantenedor
Em teu nobre cavaleiro".

---

36 Elmo de Mambrino: na tradição literária dos romances de cavalaria, esse elmo — parte da armadura que protegia a cabeça — teria pertencido ao rei mouro Mambrino. O capacete de ouro puro tornaria invencível quem o usasse, por isso, Dom Quixote ambicionava encontrá-lo.

37 Viseira: parte do elmo que cobria os olhos.

[...]

Junto à estátua vil canalha
Desprende as línguas tiranas;
E se esta rude gentalha
Arrancar com mãos profanas
A carrancuda medalha,

Armas em novo gravadas
Ser-te-ão por mim erigidas
E por ti mesmo traçadas,
Em sangue humano tingidas
E com mil leis penduradas.

Biografia dos poetas

MIGUEL DE CERVANTES SAAVEDRA

[Alcalá de Henares (Espanha), 1547 — Madri (Espanha), 1616]

Durante a juventude, estudou gramática e retórica em Madri, onde frequentava as rodas de boêmios e aventureiros. Seus primeiros poemas foram escritos em homenagem a Dona Isabel, esposa do rei Felipe II. As dificuldades financeiras levaram-no a alistar-se no exército espanhol. Durante seu retorno de uma batalha na Grécia, o navio em que viajava foi atingido e ele foi feito prisioneiro na Argélia. Ao voltar para a Espanha, exerceu vários cargos públicos. Acusado de corrupção, foi condenado à prisão, onde iniciou a escrita do famoso romance que o imortalizaria: *Dom Quixote de La Mancha*. Apesar de assistir em vida ao sucesso de sua obra, não obteve recompensas materiais por meio dela. O grande escritor morreu em um mosteiro franciscano, em 1616.

MANUEL ANTÔNIO **ÁLVARES DE AZEVEDO**

[São Paulo (SP), 1831 — Rio de Janeiro (RJ), 1852]

Cursou Humanidades no Colégio Pedro II, no Rio de Janeiro, e matriculou-se na Faculdade de Direito de São Paulo, em 1848. Precocemente mostrou talento para a poesia, mas faleceu aos 20 anos, acometido por tuberculose. Não viveu o suficiente para ver sua produção poética reunida em livro. É um dos mais representativos poetas da segunda geração de românticos. Sua obra é marcada por imagens oníricas, em que a presença feminina é idealizada e há uma dicotomia entre a profunda melancolia e um humor refinado.

NICOLAU TOLENTINO

[Lisboa (Portugal), 1740-1811]

Ingressou na Faculdade de Direito, mas interrompeu os estudos. Mudou-se para Évora, onde trabalhou como professor. Concluiu o curso de Direito em Coimbra e foi nomeado para trabalhar na Secretaria de Estado dos Negócios do Reino. A primeira edição de suas obras foi publicada em 1801.

HELENA

Pierre de Ronsard

Para Helena

XXIV

Quando fores bem velha, à noite, à luz da vela,
Sentada ao pé do fogo, enovelando o fio a fiar,
Dirás, recitando meus versos, a se maravilhar:
"Ronsard cantou-me quando era jovem e bela".

Já não te servirá aquela que, por fatigada estar,
Sob o cansaço do dia cochilando,
Ao meu nome escutar, ia logo acordando
Para teu nome, já imortalizado, louvar.

Sob a terra, fantasma já serei sem pouso,
À sombra dos mirtos[38] em busca de repouso:
Tu já anciã, pela vida combalida,

Lamentarás o meu amor e o teu desdém.
Vive sem esperar pelo dia que vem;
Colhe, sem demora, as rosas desta vida.

---

38 Mirtos: plantas arbustivas.

Almeida Garrett

Ai Helena!

Ai Helena! de amante e de esposo
Já o nome te faz suspirar,
Já tua alma singela pressente
Esse fogo de amor delicioso
Que primeiro nos faz palpitar!...
Oh! não vás, donzelinha inocente,
Não te vás a esse engano entregar:
É amor que te ilude e te mente,
É amor que te há-de matar!

Quando o Sol nestes montes desertos
Deixa a luz derradeira apagar,
Com as trevas da noite que espanta
Vêm os anjos do Inferno encobertos
A sua vítima incauta afagar.
Doce é a voz que adormece e quebranta,
Mas a mão do traidor... faz gelar.
Treme, foge do amor que te encanta,
É amor que te há-de matar.

Henrich Heine

Helena

Tiraste-me da sepultura
Com a tua vontade de maga,
Com o fogo do prazer reanimou-me —
E não sabes acalmar as brasas.

Coloque a tua boca na minha boca,
O sopro dos humanos é divino!
Sorverei a tua alma até a última gota,
Os mortos estão sempre sedentos.

Biografia dos poetas

PIERRE DE RONSARD

[Condado de Vendôme (França), 1524 — La Riche (França), 1585]

Filho de nobres, foi preparado para dedicar-se à carreira diplomática. Na juventude, frequentou a corte e chegou a ser pajem dos filhos do rei. Tentou a carreira eclesiástica, mas não chegou a se ordenar como padre. Poeta humanista, em 1547 fundou o grupo de poetas La Brigade. Foi um dos principais membros do grupo La Pléiade, composto por poetas franceses que seguiam os modelos da lírica greco-romana e italiana. Essa geração de poetas tinha como meta criar uma escola literária inspirada nos ideários da lírica grega. Foi nomeado poeta da corte de Carlos IX em 1558.

JOÃO BAPTISTA DA SILVA LEITÃO DE **ALMEIDA GARRETT**

[Porto (Portugal), 1799 — Lisboa (Portugal), 1854]

Dramaturgo, poeta, romancista e político, foi um inovador da escrita e da composição literária do século XIX. Distinguiu-se também como jornalista, deputado e ministro. Foram as suas responsabilidades políticas que o levaram a fundar o Teatro Nacional (atual Teatro Nacional D. Maria II) e o Conservatório. Como dramaturgo, propôs-se a criar um repertório dramático português inovador. Já como romancista, Garrett é considerado o criador da prosa moderna em Portugal. E, como poeta, foi um dos primeiros a libertar-se dos cânones clássicos e a introduzir a nova estética romântica em Portugal.

CHRISTIAN JOHANN **HEINRICH HEINE**

[Düsseldorf (Alemanha), 1797 — Paris (França), 1856]

Foi encaminhado pelo pai a morar com um tio banqueiro em Hamburgo. Como não tinha talento para os negócios, seu tio incentivou-o a estudar Direito, mas Heine decidiu seguir sua verdadeira vocação: a poesia. Assistiu, então, aos cursos de literatura do romântico Schlegel. Depois, mudou-se para Berlim, onde seguiu os cursos de filosofia de Hegel. Já famoso por suas obras, imigrou para Paris, em 1831. Na capital francesa, trabalhou como correspondente de grandes jornais alemães e frequentou os meios revolucionários, onde conheceu Karl Marx, em 1844, de quem se tornou amigo e colaborador. Aos 30 anos, publicou um conjunto de poemas românticos que seriam musicados por Robert Schumann e Franz Schubert. Por causa de sua atuação política, foi impedido de voltar à Alemanha, onde suas obras foram censuradas. Acometido por uma doença na medula, viveu seus últimos dias graças a uma pensão concedida pelo governo francês.

JULIETA

William Shakespeare

Romeu e Julieta

Ato III, cena V

Julieta

Por que partir tão cedo? inda vem longe o dia...
Ouves? é o rouxinol. Não é da cotovia
Esta encantada voz. Repara, meu amor:
Quem canta é o rouxinol na romãzeira em flor.
Toda a noite essa voz, que te feriu o ouvido,
Povoa a solidão como um longo gemido.
Abracemo-nos! fica! inda vem longe o sol!
Não canta a cotovia: é a voz do rouxinol!

Romeu

É a voz da cotovia anunciando a aurora!
Vês? há um leve tremor pelo horizonte afora...
Das nuvens do levante abre-se o argênteo[39] véu,
E apagam-se de todo as lâmpadas do céu.
Já sobre o cimo azul das serras nebulosas,
Hesitante, a manhã coroada de rosas
Agita os leves pés, e fica a palpitar
Sobre as asas de luz, como quem quer voar.
Olha! mais um momento, um rápido momento,
E o dia sorrirá por todo o firmamento!
Adeus! devo partir! Partir para viver...
Ou ficar a teus pés para a teus pés morrer!

Julieta

Não é o dia! O espaço inda se estende, cheio
Da noite caridosa. Exala do ígneo[40] seio
O sol, piedoso e bom, este vivo clarão
Só para te guiar por entre a cerração...
Fica um minuto mais! por que partir tão cedo?

---

39 Argênteo: feito de prata, brilhante como prata.
40 Ígneo: relativo ao fogo, incandescente.

Romeu

Mandas? não partirei! esperarei sem medo
Que a morte, com a manhã, venha encontrar-me aqui!
Sucumbirei feliz, sucumbindo por ti!
Mandas? não partirei! queres? direi contigo
Que é mentira o que vejo e mentira o que digo!
Sim! tens razão! não é da cotovia a voz
Este encantado som que erra em torno de nós!
É um reflexo da lua a claridade estranha
Que aponta no horizonte acima da montanha!
Fico para te ver, fico para te ouvir,
Fico para te amar, morro por não partir!
Mandas? não partirei! cumpra-se a minha sorte!
Julieta assim o quis: bem-vinda seja a morte!
Meu amor, meu amor! olha-me assim! assim!

Julieta

Não! é o dia! é a manhã! Parte! foge de mim!
Parte! apressa-te! foge! A cotovia canta
E do nascente em fogo o dia se levanta...
Ah! reconheço enfim estas notas fatais!
O dia!... a luz do sol cresce de mais em mais
Sobre a noite nupcial do amor e da loucura!

Romeu

Cresce... E cresce com ela a nossa desventura!

Alphonsus de Guimaraens

Soneto de Romeu

Espero a extrema-unção dos teus olhos, Julieta,
Para seguir, de mãos cruzadas, para a cova...
Olha-me, pois, Amor! a sepultura é estreita
Mas conterá o teu olhar de lua-nova!

Envolto etereamente[41] em púrpura violeta,
Irei pousar lá onde o que é sol se renova...
E como vais comigo, entre os meus braços deita:
É tão doce morrer assim, sendo tão nova!

Une ao suave carmim[42] dos meus lábios a boca.
Penteia-me com os teus mais que divinos dedos...
Que em teu olhar sorria a minh'alma tão louca!

E peito a peito, ó lírio, os meigos lábios juntos,
Poisaremos,[43] Amor! A murmurar segredos,
Para não acordar os Amantes defuntos...

---

41 Etereamente: de modo elevado, puríssimo.
42 Carmim: cor avermelhada.
43 Poisaremos: o mesmo que "pousaremos".

Cruz e Sousa

O desembarque de Julieta dos Santos

Chegou enfim, o desembarque dela
Causou-me logo uma impressão divina!
É meiga e pura como sã bonina,[44]
Nos olhos vivos doce luz revela!

É graciosa, sacudida e bela,
Não tem os gestos de qualquer menina:
Parece um gênio[45] que seduz, fascina,
Tão atraente, singular é ela!

Chegou, enfim! eu murmurei contente!
Fez-se em minh'alma purpurina aurora,
O entusiasmo me brotou fervente!

Vimos-lhe apenas a construção sonora,
Vimos a larva, nada mais, somente
Falta-nos ver a borboleta agora!

---

44 Bonina: flor também conhecida como margarida.
45 Gênio: aqui, com o sentido de espírito bom que guia o destino de alguém.

Biografia dos poetas

WILLIAM SHAKESPEARE

[Stratford-upon-Avon (Reino Unido), 1564-1616]

Considerado o maior dramaturgo de todos os tempos, começou a escrever aos 18 anos, logo após seu casamento com Anne Hathaway, com quem teve três filhos. Sua carreira deslanchou quando se mudou para Londres, em 1591. Entrou para a companhia de teatro The Lord Chamberlain's Men, em 1594, onde trabalhou como ator e dramaturgo.

Embora seus sonetos sejam até hoje considerados os mais lindos de todos os tempos, foi na dramaturgia que se destacou. Toda a sua obra dramatúrgica — escreveu tragédias, dramas históricos e comédias —, escrita durante vinte anos, foi encenada e reproduzida nas telas do mundo inteiro. No contexto histórico em que produziu, a Inglaterra vivia os tempos de ouro sob o reinado da rainha Elisabeth I. O teatro desse período, conhecido como teatro elisabetano, teve grande importância. Em 1610, retornou para sua terra natal, onde produziu a última peça: *A tempestade*.

ALPHONSUS HENRIQUES DA COSTA **GUIMARAENS**

[Ouro Preto (MG), 1870 — Mariana (MG), 1921]

Em 1890, mudou-se para São Paulo para estudar Direito e tornou-se colaborador de vários jornais da capital paulista. Regressou para Ouro Preto, onde concluiu o bacharelado em 1894. Casou-se, em 1897, com Zenaide de Oliveira, com quem teve catorze filhos — dois deles se tornaram escritores: João Alphonsus (1901-1944) e Alphonsus de Guimaraens Filho (1918-2008). Trabalhou como promotor de justiça em Conceição do Serro e como juiz em Mariana, para onde se transferiu, em definitivo, em 1906. Editou com os próprios recursos o livro *Kiriale*, no qual se consolidou o estilo simbolista de sua poesia. Grande parte de sua obra foi divulgada postumamente.

JOÃO DA **CRUZ E SOUSA**

[Nossa Senhora do Desterro, atual Florianópolis (SC), 1861 — Barbacena (MG), 1898]

Era filho de escravizados libertos. Em sua cidade natal, aprendeu francês, inglês, latim, grego, matemática e ciências naturais. Seus primeiros versos foram publicados em jornais. Em 1881, fundou o jornal literário *Colombo*, que chegou a ter quatro edições. No mesmo ano, partiu em viagem pelo Brasil com a Companhia Dramática Julieta dos Santos, atriz a quem dedicou o poema escolhido para compor esta antologia.

Abolicionista, escreveu vários artigos defendendo suas ideias, também divulgadas em conferências. Foi nomeado promotor de Laguna, Santa Catarina, em 1884, mas não pôde assumir o cargo por ser negro. Seu primeiro livro, *Tropos e fantasias*, foi publicado em 1885. A partir de 1890, passou a residir no Rio de Janeiro e colaborou com poemas e artigos em várias publicações. Os livros *Missal*, em prosa poética, e *Broquéis*, em versos, marcam o início do Simbolismo brasileiro.

LAURA

Petrarca

Ora eu tivesse tão piedoso estilo

Que pudesse roubar Laura da Morte
Como Orfeu[46] seu amor roubou sem rimas.
Que assim vivera mais que nunca ledo.[47]
Se isso não pode ser, por estas noites,
A morte feche estas fontes de pranto.

Amor, há muitos anos vivo em pranto,
Choro o meu dano em doloroso estilo;
De ti não mais espero brandas noites;
Nada mais faço que implorar à Morte
Que me arrebate e assim me torne ledo,
Junto daquela que eu deploro em rimas.

---

46 Orfeu: na mitologia grega, era filho do deus Apolo com a musa Calíope. Ele aprendeu a tocar com tanta maestria a lira que recebera de presente do pai, que ninguém conseguia resistir aos encantos de sua música. Apaixonou-se pela ninfa Eurídice, que morreu ao ser picada por uma serpente. Orfeu desceu aos infernos, reino de Hades e Perséfone, para resgatá-la. A potência de sua música comoveu os deuses que o deixaram levar Eurídice consigo, mas havia uma condição: ele não poderia olhar para ela antes de alcançarem a superfície da Terra. Orfeu caminhava à frente da amada e, quando estavam quase saindo do reino de Hades, virou-se para confirmar se Eurídice o seguia. Nesse momento, ela foi levada novamente para o mundo dos mortos.

47 Ledo: alegre, jubiloso.

João de Lemos

À Laura

Se eu fosse o mar, em que te banhas, Laura
Mal tu chegasses, amansava as ondas,
Indo de rastos, namorado, humilde,
    Os teus pés beijar;
Se fosse o Céu, quando, n'essa hora, visse,
Teu corpo airoso[48] mergulhado na água,
Ardendo em zelos, choveria raios,
    E secava o mar!

48 Airoso: elegante, gentil.

Cesário Verde

Arrojos

Se a minha amada um longo olhar me desse
Dos seus olhos que ferem como espadas,
Eu domaria o mar que se enfurece
E escalaria as nuvens rendilhadas.

Se ela deixasse, extático e suspenso
Tomar-lhe as mãos *mignonnes*[49] e aquecê-las,
Eu com um sopro enorme, um sopro imenso
Apagaria o lume das estrelas.

Se aquela que amo mais que a luz do dia,
Me aniquilasse os males taciturnos,
O brilho dos meus olhos venceria
O clarão dos relâmpagos noturnos.

S'ela quisesse amar, no azul do espaço,
Casando as suas penas com as minhas,
Eu desfaria o sol como desfaço
As bolas de sabão das criancinhas.

---

49 *Mignonnes*: pequenas e delicadas.

Se a Laura dos meus loucos desvarios
Fosse menos soberba e menos fria,
Eu pararia o curso dos grandes rios
E a terra sob os pés abalaria.

Se aquela por quem já não tenho risos
Me concedesse apenas dois abraços,
Eu subiria aos róseos paraísos
E a lua afogaria nos meus braços.

S'ela ouvisse os meus cantos moribundos
E os lamentos das cítaras estranhas,
Eu ergueria os vales mais profundos
E abalaria as sólidas montanhas.

E se aquela visão da fantasia
Me estreitasse ao peito alvo como arminho,[50]
Eu nunca, nunca mais me sentaria
Às mesas espelhentas do Martinho.[51]

---

50 Arminho: pequeno mamífero de pele alvíssima e macia.

51 Martinho: café localizado no Terreiro do Paço, em Lisboa, Portugal, que teve grande importância na vida cultural da cidade, pois era paragem obrigatória de artistas e intelectuais, como Fernando Pessoa, Almada Negreiros e Cesário Verde.

Biografia dos poetas

FRANCESCO **PETRARCA**

[Arezzo (Itália), 1304 — Arquà (Itália), 1374]

Frequentou a Universidade de Montpellier, na França, entre 1316 e 1320, e, dali, se transferiu para a Universidade de Bolonha, na Itália. Nessa época, conheceu o poeta Cino de Pistoia, seu precursor.

A primeira vez que avistou Laura de Noves, sua musa inspiradora, foi em 1327, na igreja Santa Clara de Avinhão. Ela era casada, o que não impediu o poeta de se apaixonar por ela e de viver pelo amor e para esse amor idealizado. Após a morte de Laura, em 1348, os poemas em que cantava a beleza e as excelências morais de Laura adquirem um tom de lástima e desespero, como pode ser constatado no poema que se inicia com o verso "Ora eu tivesse tão piedoso estilo". Assim como Beatriz para Dante, a Laura petrarquiana simbolizava o caminho para o paraíso celeste, um veículo para a revelação da beatitude que só poderia se dar por meio do amor platônico e idealizado. Sua obra poética influenciou a lírica de poetas portugueses como Sá de Miranda e Luís de Camões.

JOÃO DE LEMOS SEIXAS CASTELO BRANCO

[Peso da Régua (Portugal), 1819 — Maiorca, Figueira da Foz (Portugal), 1890]

Estudou Direito na Universidade de Coimbra. Foi um dos fundadores do jornal *O Trovador*, em 1844, e, depois, diretor do jornal *A Nação*. Realizou várias missões diplomáticas a serviço de D. Miguel, período em que empreendeu muitas viagens pela Europa. Depois da vitória dos liberais, exilou-se na Inglaterra. Escreveu teatro e prosa, mas foi como poeta que conquistou considerado prestígio ainda em vida.

JOSÉ JOAQUIM **CESÁRIO VERDE**

[Lisboa (Portugal), 1855-1886]

Filho de lavrador e comerciante, foi obrigado a abandonar os estudos para auxiliar o pai nas atividades práticas. Todavia, seu desejo de seguir a carreira literária se impôs e, em 1873, Cesário Verde ingressou no curso de Letras. Apesar de ter frequentado o curso por pouco tempo, nesse período travou amizade com Silva Pinto e publicou poemas no *Diário da Tarde do Porto* e em outros periódicos. Faleceu precocemente, vítima de tuberculose, em 1886.

© Artepics / Alamy Stock Photo

LÍDIA

Horácio

Ode VIII

Diz-me, Lídia, rogo-te
por todos os deuses, por que amando te apressas
em destruir Síbaris?[52] Por que odeia
o Campo[53] ensolarado, o sol já não suportando e a poeira?

Por que já não monta,
entre os colegas de armas, o cavalo gaulês, a sua boca
[domando
com freios lupinos[54]?
Por que teme sequer tocar no fulvo[55] Tibre?[56] Por que evita
[o óleo dos atletas,

com mais cautela
do que o sangue da víbora? Por que não mostra os braços
[pisados pelas armas,
ele, conhecido
por tantas e tantas vezes lançar para além da marca o disco[57]
[ou o dardo?[58]

52 Síbaris: cidade localizada no golfo de Tarento, fundada em 720 a.C.
53 Campo: refere-se ao Campo de Marte, onde realizavam-se jogos e praticava-se ginástica.
54 Lupinos: relativo a lobos.
55 Fulvo: que tem cor amarelo-torrada.
56 Tibre: importante rio da Itália.
57 Disco: chapa redonda e pesada que era arremessada nos treinos de ginástica.
58 Dardo: pequena lança de ferro que se arremessa com a mão.

Por que se esconde ele
como o filho — dizem — da marinha Tétis,[59] antes da
[plangente ruína de Troia,[60]
para que as vestes masculinas
o não arrastassem contra as lícias[61] hostes,[62] para uma
[terrível chacina?

59 Tétis: na mitologia grega, é uma ninfa do mar, mãe de Aquiles. Durante a guerra de Troia, Tétis, avisada de que o filho Aquiles morreria em batalha, enviou-o para a cidade de Ciros, onde permaneceria disfarçado com trajes femininos. Depois de nove anos de guerra, disseram a Ulisses que só ganhariam a guerra com o apoio de Aquiles. Ele se disfarçou de vendedor e, entre objetos femininos, colocou escudos e armas. Dentre as jovens para quem apresenta seus produtos, Aquiles é a única pessoa que mostra interesse pelas armas, revelando sua identidade.

60 Troia: cidade grega onde ocorreu a lendária guerra entre espartanos e troianos.

61 Lícias: relativo aos lícios, aliados dos troianos nas guerras.

62 Hostes: exércitos.

Fernando Pessoa

Vem sentar-te comigo, Lídia, à beira do rio.

Sossegadamente fitemos o seu curso e aprendamos
Que a vida passa, e não estamos de mãos enlaçadas.
(Enlacemos as mãos.)

Depois pensemos, crianças adultas, que a vida
Passa e não fica, nada deixa e nunca regressa,
Vai para um mar muito longe, para ao pé do Fado,[63]
Mais longe que os deuses.

Desenlacemos as mãos, porque não vale a pena
[cansarmo-nos.
Quer gozemos, quer não gozemos, passamos como o rio.
Mais vale saber passar silenciosamente
E sem desassossegos grandes.

Sem amores, nem ódios, nem paixões que levantam a voz,
Nem invejas que dão movimento demais aos olhos,
Nem cuidados, porque se os tivesse o rio sempre correria,
E sempre iria ter ao mar.

---

63 Fado: destino.

Amemo-nos tranquilamente, pensando que podíamos,
Se quiséssemos, trocar beijos e abraços e carícias,
Mas que mais vale estarmos sentados ao pé um do outro
Ouvindo correr o rio e vendo-o.

Colhamos flores, pega tu nelas e deixa-as
No colo, e que o seu perfume suavize o momento —
Este momento em que sossegadamente não cremos
[em nada,
Pagãos inocentes da decadência.

Ao menos, se for sombra antes, lembrar-te-ás de mim
[depois
Sem que a minha lembrança te arda ou te fira ou te mova,
Porque nunca enlaçamos as mãos, nem nos beijamos
Nem fomos mais do que crianças.

E se antes do que eu levares o óbolo[64] ao barqueiro sombrio,
Eu nada terei que sofrer ao lembrar-me de ti.
Ser-me-ás suave à memória lembrando-te assim —
[à beira-rio,
Pagã triste e com flores no regaço.[65]

64 Óbolo: antiga moeda grega.
65 Regaço: colo.

Correia Garção

XII

À Senhora D. Elena Filipa Xavier Navarro.

Contigo, Lídia, moram os Amores,
Moram as Graças, Lídia, na verdade,
Que no reino de Amor a liberdade
Sempre viveu sujeita a mil temores.

De teus formosos olhos vencedores
Amor as armas tem na claridade;
Como há-de voar livre uma vontade
Por entre aljavas,[66] arcos, passadores?[67]

Ninguém solto se vê, se chega a ver-te;
Por mais livre que traga o pensamento,
Há-de amar-te, servir-te e obedecer-te.

Negar o cativeiro não intento,
Pois, inda que quisera não querer-te,
Nunca livre me vira, nunca isento.

66 Aljavas: estojos onde se guardam as flechas.
67 Passadores: setas com ponta afiada.

Biografia dos poetas

QUINTO **HORÁCIO** FLACO

[Venosa (Itália), 65 a.C. — Roma (Itália), 8 a.C.]

Filho de escravizado liberto, recebeu educação esmerada graças ao empenho de seu pai. Estudou em Roma e em Atenas. Depois que recebeu de Brutus uma legião para comandar, envolveu-se em lutas políticas. Exilado após derrota em uma importante batalha, pôde voltar a Roma graças à anistia concedida aos adversários de guerra. Entretanto, acabou perdendo todos os bens e teve que trabalhar como escriba. Essa atividade permitiu a divulgação de seus versos e favoreceu sua aproximação do já famoso poeta Virgílio. Algum tempo depois, tornou-se protegido do imperador Augusto, o que lhe possibilitou dedicar-se à criação poética até o fim de seus dias.

FERNANDO ANTÔNIO NOGUEIRA **PESSOA**

[Lisboa (Portugal), 1888-1935]

Ficou órfão de pai quando tinha apenas 5 anos e sua mãe casou-se novamente dois anos depois. Seu padrasto era cônsul de Portugal em Durban, na África do Sul, para onde a família mudou-se em 1895. Nessa cidade, Fernando Pessoa teve profundo contato com a língua e a literatura inglesas. Em 1905, o poeta retornou definitivamente a Lisboa e matriculou-se no curso superior de Letras. Não chegou a concluir os estudos, mas nessa época entrou em contato com a produção literária em língua portuguesa e escreveu muitos poemas, além de ter colaborado com artigos e ensaios em várias revistas e traduzido obras de poetas ingleses. A partir de 1908, começou a dedicar-se à tradução de correspondência comercial, profissão que exerceu até o ano de sua morte, em 1935, aos 47 anos. Sua obra, praticamente inédita durante a vida do poeta, começou a ser publicada a partir de 1943 e não demorou muito para que Fernando Pessoa fosse reconhecido como um dos maiores poetas em língua portuguesa de todos os tempos.

PEDRO ANTÔNIO JOAQUIM **CORREIA GARÇÃO**

[Lisboa (Portugal), 1724-1772]

Grande estudioso de Letras Clássicas, escreveu sonetos, odes, sátiras, epístolas, ditirambos e cantigas. Um dos expoentes do Arcadismo, sua obra é cheia de referências a figuras mitológicas. Por motivos não muito claros, talvez uma intriga amorosa da qual só participara como tradutor de uma carta, foi mandado para a prisão pelo marquês de Pombal, em março de 1772. Oito meses depois, foi encontrado morto na cela no dia em que seria liberto.

MARÍLIA

Bocage

17

Marília, nos teus olhos buliçosos
Os Amores gentis seu facho[68] acendem,
A teus lábios voando, os ares fendem
Terníssimos desejos sequiosos.[69]

Teus cabelos sutis e luminosos
Mil vistas cegam, mil vontades prendem,
E em arte de Minerva[70] se não rendem
Teus alvos, curtos dedos melindrosos.

Reside em teus costumes a candura,
Mora a firmeza no teu peito amante,
A Razão com teus risos se mistura;

És dos Céus o composto mais brilhante:
Deram-se as mãos Virtude e Formosura
Para criar tua alma e teu semblante.

---

68 Facho: luzeiro feito de material inflamável com o propósito de iluminar.
69 Sequiosos: sedentos, desejosos.
70 Minerva: deusa da sabedoria, das artes e da guerra.

Tomás Antônio Gonzaga

Marília de Dirceu:

Parte I, Lira VII

Vou retratar a Marília,
A Marília, meus amores;
Porém como? se eu não vejo
Quem me empreste as finas cores!
Dar-mas a terra não pode;
Não, que a sua cor mimosa
Vence o lírio, vence a rosa,
O jasmim e as outras flores.
    Ah! socorre, Amor, socorre
    Ao mais grato empenho meu!
    Voa sobre os Astros, voa,
    Traze-me as tintas do Céu.

Mas não se esmoreça logo;
Busquemos um pouco mais;
Nos mares talvez se encontrem
Cores, que sejam iguais.
Porém não, que em paralelo
Da minha ninfa adorada
Pérolas não valem nada,
Não valem nada os corais.
    Ah! socorre, Amor, socorre
    Ao mais grato empenho meu!
    Voa sobre os astros, voa,
    Traze-me as tintas do Céu.

Só no céu achar-se podem
Tais belezas como aquelas,
Que Marília tem nos olhos,
E que tem nas faces belas;
Mas às faces graciosas,
Aos negros olhos, que matam,
Não imitam, não retratam
Nem Auroras nem Estrelas.
    Ah! socorre, Amor, socorre
    Ao mais grato empenho meu!
    Voa sobre os Astros, voa,
    Traze-me as tintas do Céu.

Entremos, Amor, entremos,
Entremos na mesma Esfera,
Venha Palas,[71] venha Juno,[72]
Venha a Deusa de Citera.[73]
Porém, não, que se Marília
No certame antigo entrasse,
Bem que a Páris[74] não peitasse,
A todas as três vencera.
    Vai-te, Amor, em vão socorres
    Ao mais grato empenho meu:
    Para formar-lhe o retrato
    Não bastam tintas do Céu.

---

71 Palas: refere-se a Palas Atena, na mitologia greco-romana, deusa da sabedoria, da guerra e da justiça.

72 Juno: na mitologia romana (corresponde à Hera na mitologia grega), a deusa Juno protegia as relações conjugais.

73 Citera: de acordo com a mitologia grega, Afrodite (Vênus na mitologia romana), a deusa do amor, nascera na ilha de Citera.

74 Páris: na mitologia grega, era filho do rei de Troia, Príamo, com a rainha Hécuba. O eu-lírico, nessa estrofe, refere-se a uma disputa que deu origem à Guerra de Troia. Durante o casamento de Peleu e Tétis no Olimpo, Éris, a deusa da discórdia, não foi convidada e, como forma de vingança, enviou para os festejos uma maçã de ouro onde estava gravada a frase: "Para a mais bela". Foi então que se armou uma grande disputa entre as deusas Hera, Atena e Afrodite para decidir com quem ficaria o valioso troféu. Nenhum dos deuses quis se envolver na disputa e Zeus decidiu que o mortal Páris deveria escolher qual das três era a mais bela. Atena ofereceu a Páris poder sobre todos os exércitos; Hera prometeu-lhe riqueza e glória; Afrodite, por sua vez, garantiu-lhe o amor da mais bela mulher do mundo. O jovem escolheu a oferta de Afrodite. Mas a mulher mais bela do mundo era Helena, casada com o rei de Esparta, Menelau. Auxiliado pela deusa do amor, Páris rapta Helena, levando-a consigo para Troia. Irado, Menelau consegue convencer os reis e generais de outras regiões da Grécia a invadir Troia e resgatar Helena. Assim tem início a guerra de Troia, retratada por Homero na obra *Ilíada*.

Alvarenga Peixoto

18

Marília bela,
Vou retratar-te,
Se a tanto a arte
Puder chegar.
Trazei-me, Amores,
Quanto vos peço:
Tudo careço
Para a pintar.

Nos longos fios
De seus cabelos
Ternos desvelos
Vão se enredar.
Trazei-me, Amores,
Das minas d'ouro
Rico tesouro
Para os pintar.

No rosto, a idade
Da primavera
Na sua esfera
Se vê brilhar.
Trazei-me, Amores,
As mais viçosas
Flores vistosas
Para o pintar.

Quem há que a testa
Não ame e tema,
De um diadema
Digno lugar?
Trazei-me, Amores,
Da selva Idália[75]
Jasmins de Itália
Para a pintar.

---

75 Idália: lugar onde há florestas.

A frente adornam
Arcos perfeitos,
Que de mil peitos
Sabem triunfar.
Trazei-me, Amores,
Justos níveis,
Sutis pincéis
Para a pintar.

A um doce aceno
Dos brandos olhos,
Setas a molhos
Se veem voar.
Trazei-me, Amores,
Do sol os raios,
Fiéis ensaios,
Para os pintar.

Nas lisas faces
Se vê a aurora,
Quando colora
A terra e o mar.
Trazei-me, Amores,
As mais mimosas
Pudicas[76] rosas
Para as pintar.

Os meigos risos
Com graças novas
Nas lindas covas
Vão-se ajuntar.
Trazei-me, Amores,
Aos pincéis leves
As sombras leves,
Para os pintar.

76 Pudicas: que têm pudor, envergonhadas.

Vagos desejos
Da boca as brasas
As frágeis asas
Deixam queimar.
Trazei-me, Amores,
Corais subidos,
Rubins[77] partidos,
Para a pintar.

Entre alvos dentes,
Postos em ala,
Suave fala
Perfuma o ar.
Trazei-me, Amores,
Nas conchas claras,
Pérolas raras,
Para os pintar.

77 Rubins: rubis, pedras preciosas de cor vermelha.

O colo, Atlante[78]
De tais assombros,
Airosos ombros
Corre a formar.
Trazei-me, Amores,
Jaspe às mãos cheias,
De finas veias,
Para o pintar.

Do peito as ondas
São tempestades,
Onde as vontades
Vão naufragar.
Trazei-me, Amores,
Globos gelados,
Limões nevados
Para o pintar.

78 Atlante: figura humana esculpida em mármore que serve como coluna em grandes construções.

Mãos cristalinas,
Roliços braços,
Que doces laços
Prometem dar!
Trazei-me, Amores,
As açucenas,
Das mais pequenas,
Para as pintar.

A delicada,
Gentil cintura
Toda se apura
Em se estreitar.
Trazei-me, Amores,
Ânsias que fervem:
Só essas servem
Para a pintar.

Pés delicados
Ferindo a terra,
Às almas guerra
Vêm declarar.
Trazei-me, Amores,
As setas prontas
De curtas pontas
Para os pintar.

Porte de deusa,
Espírito nobre,
E o mais, que encobre
Pejo[79] vestal.[80]
Só vós, Amores,
Que as Graças nuas
Vedes, as suas
Podeis pintar.

79 Pejo: pudor, acanhamento.
80 Vestal: mulher muito honesta, casta.

Biografia dos poetas

MANUEL MARIA DE BARBOSA L'HEDOIS DU **BOCAGE**
[Setúbal (Portugal), 1765 — Lisboa (Portugal), 1805]

Estimulado pelo pai, que era advogado e gostava de escrever poesia, seus primeiros versos foram produzidos ainda na infância. Em 1783, mudou-se para Lisboa, onde frequentou a Escola da Marinha e entrou em contato com a vida intelectual lisboeta. Em 1786, partiu para as Índias. Depois de passagens por Goa, Damão e Macau, exercendo a função de tenente do exército, regressou a Setúbal, em 1790, e ingressou na Arcádia portuguesa com o nome de Elmano Sadino. Denunciado por seu comportamento boêmio e por sua poesia de cunho satírico, foi perseguido pela Inquisição e, em 1797, condenado a receber doutrinação em um mosteiro, onde ficou recluso. Ao sair da prisão, reconciliou-se com os inimigos e trabalhou como tradutor até a morte. Sua obra foi concebida em um momento de transição entre o Arcadismo e o Romantismo e reflete essa dualidade.

TOMÁS ANTÔNIO GONZAGA
[Porto (Portugal), 1744 — Ilha de Moçambique (Moçambique), 1810]

Órfão de mãe ainda bebê, foi criado pelos tios maternos. Aos 7 anos, mudou-se para Pernambuco, onde o pai exerceu a função de ouvidor-geral. Em 1759, transferiu-se para Salvador para estudar no

Colégio dos Jesuítas, de onde partiu para Coimbra três anos depois para cursar Direito. De volta ao Brasil, em 1782, passou a viver em Vila Rica, atual Ouro Preto, onde conviveu com intelectuais e poetas como Alvarenga Peixoto e Cláudio Manuel da Costa. Ficou noivo de Maria Doroteia Joaquina de Seixas Brandão, a Marília de Dirceu, mas o casamento, marcado para maio de 1789, não se realizou: por participar da Inconfidência Mineira, o poeta foi preso e condenado ao degredo em Moçambique dias antes da data. Em 1792, foi publicada a primeira parte de sua obra poética, *Marília de Dirceu*, em Lisboa (Portugal). Casou-se em Moçambique, em 1793, com Juliana Mascarenhas, e tornou-se pessoa de posses e com certa influência local.

INÁCIO JOSÉ DE **ALVARENGA PEIXOTO**

[Rio de Janeiro (RJ), 1744 — Ambaca (Angola), 1792]

Formou-se em Direito em Coimbra, em 1767. Foi juiz em Sintra e retornou para o Brasil, em 1781, para ser ouvidor em São João Del Rei, onde se casou com a poeta Bárbara Heliodora. Deixou a magistratura para dedicar-se aos negócios da mineração. Foi preso, em 1789, por sua participação na Inconfidência Mineira, e exilado em Angola, onde faleceu.

OFÉLIA

Alceu Wamosy

Ofélia

A lua,
— a saudade que o sol deixa na alma do espaço —
pelas águas do lago
vai levando a doidice errante de seu passo,
como uma virgem nua,
delirante, em um sonho arcangélico e vago.

Há camélias de luz florindo entre a água verde-escura.

E, como um triste cisne preto,
pela bruma,
passa a visão sonâmbula de Hamleto,[81]
despetalando, uma por uma,
todas as rosas de um jardim de sonho e de loucura...

81 Hamleto: referente a Hamlet, protagonista da tragédia *Hamlet, príncipe da Dinamarca*, escrita por William Shakespeare. Nessa tragédia, o príncipe é atormentado pelo fantasma do pai, que lhe conta que fora assassinado pelo próprio irmão, Cláudio, para tomar-lhe o trono, com a ajuda de Gertrudes, a mãe de Hamlet. Atormentado pela sede de vingança, Hamlet despreza duramente o amor que lhe dedica Ofélia, a qual enlouquece ao ser abandonada pelo seu príncipe e morre afogada em um rio.

Mário de Sá-Carneiro

A inigualável

Ai, como eu te queria toda de violetas
E flébil[82] de cetim...
Teus dedos, longos de marfim,
Que os sombreassem joias pretas...

E tão febril e delicada
Que não pudesses dar um passo —
Sonhando estrelas, transtornada,
Com estampadas de cor no regaço...

82 Flébil: lacrimoso.

Queria-te nua e friorenta,
Aconchegando-te em zibelinas[83] —
Sonolenta,
Ruiva de éteres e morfinas...
Ah! que as tuas nostalgias fossem guizos de prata —
Teus frenesis, lantejoulas;
E os ócios em que estiolas,[84]
Luar que se desbarata...[85]
Teus beijos, queria-os de tule,
Transparecendo carmim —
Os teus espasmos de seda...

— Água fria e clara numa noite azul,
Água, devia ser o teu amor por mim...

83 Zibelinas: pequenos mamíferos cuja pele macia era usada para fazer casacos de pele.
84 Estiolas: debilita, tira as forças.
85 Desbarata: desperdiça, arruína.

Machado de Assis

A morte de Ofélia

(Paráfrase)

Junto ao plácido rio
Que entre margens de relva e fina areia
Murmura e serpenteia,
O tronco se levanta,
O tronco melancólico e sombrio
De um salgueiro. Uma fresca e branda aragem
Ali suspira e canta,
Abraçando-se à trêmula folhagem
Que se espelha na onda voluptuosa.
Ali a desditosa,[86]
A triste Ofélia foi sentar-se um dia
Enchiam-lhe o regaço umas capelas[87]
Por suas mãos tecidas
De várias flores belas,
Pálidas margaridas,
E rainúnculos,[88] e essas outras flores
A que dá feio nome o povo rude,
E a casta juventude

86 Desditosa: desventurada.
87 Capelas: grinaldas de flores.
88 Rainúnculos: plantas com flores de cores variadas.

Chama — dedos-da-morte. — O olhar celeste
Alevantando aos ramos do salgueiro
Quis ali pendurar a ofrenda agreste.
   Num galho traiçoeiro
Firmara os lindos pés, e já seu braço,
   Os ramos alcançando,
Ia depor a ofrenda peregrina
   De suas flores, quando
   Rompendo o apoio escasso,
   A pálida menina
Nas águas resvalou; foram com ela
Os seus — dedos-da-morte — e as margaridas.
   As vestes estendidas
Algum tempo a tiveram sobre as águas,
   Como sereia bela
Que abraça ternamente a onda amiga.
Então, abrindo a voz harmoniosa,
Não por chorar as suas fundas mágoas,
Mas por soltar a nota deliciosa
   De uma canção antiga,
   A pobre naufragada
De alegres sons enchia os ares tristes,
Como se ali não visse a sepultura
   Ou fosse ali criada.
Mas de súbito as roupas embebidas
   Da linfa calma e pura

Levam-lhe o corpo ao fundo da corrente,
Cortando-lhe no lábio a voz e o canto.
    As águas homicidas,
Como a laje de um túmulo recente,
    Fecharam-se; e sobre elas,
Triste emblema de dor e de saudade,
Foram nadando as últimas capelas.

Biografia dos poetas

ALCEU DE FREITAS **WAMOSY**

[Uruguaiana (RS), 1895 — Livramento, atual Santana do Livramento (RS), 1923]

Trabalhou como colaborador no jornal *A Cidade*, fundado por seu pai, em Alegrete, do qual tornou-se proprietário a partir de 1917. Seu primeiro livro, *Flâmulas*, foi publicado em 1913. Como jornalista, colaborou em diversos periódicos, como o jornal *A Notícia* e a revista *A Máscara*. Publicou as obras poéticas *Na terra virgem*, em 1914, e *Coroa de sonho*, em 1923. Faleceu aos 28 anos, vítima de ferimento recebido no combate de Poncho Verde. É uma das mais significativas presenças do Simbolismo brasileiro.

MÁRIO DE SÁ-CARNEIRO

[Lisboa (Portugal), 1890 — Paris (França), 1916]

Matriculou-se na Faculdade de Direito de Coimbra, em 1911, mas interrompeu os estudos e foi morar em Paris. Em 1912, publicou a peça de teatro *Amizade* e o livro de novelas *Princípio*. Os primeiros poemas apareceram na obra *Dispersão*, em 1914. De volta a Portugal, em 1915, fundou a revista *Orpheu*, em parceria com Fernando Pessoa. Voltou para Paris, mas, pouco tempo depois, acometido por uma crise de depressão, suicidou-se. Ele tinha 26 anos.

MACHADO DE ASSIS

Nota biográfica já apresentada nas páginas 32 e 33.

© The Picture Art Collection / Alamy Stock Photo

SALOMÉ

Fagundes Varela

XI

Sobre os tetos dos míseros tugúrios,[89]
Dos palácios reais sobre os eirados.[90]
Estende a noite escura a sombra imensa
Que nem sempre derrama a paz e o sono.
Aves de Deus, as virgens e as crianças,
Adormecem risonhas, ocultando
Nas asas da inocência as frontes santas.
Voltam os velhos ao passado, em sonhos,
Em sonhos o futuro os moços galgam.
Mas os ímpios[91] não dormem! Fulgurantes
Ardam embora perfumados círios[92]
Junto dos leitos de oiro:[93] embora brilhem
Dos estucados[94] tetos penduradas
As lâmpadas riquíssimas! Embora!
Não há luz que afugente as trevas d'alma!
Nos vapores do vinho e nos banquetes,
Nas orgias febris, nos jogos loucos,
Um momento se abranda e se entorpece
O verme dos remorsos... — Mais faminto
Acordará nas horas do silêncio.

---

89 Tugúrios: choupanas.
90 Eirados: terraços, varandas.
91 Ímpios: desumanos, cruéis.
92 Círios: velas.
93 Oiro: ouro.
94 Estucados: cobertos com estuque, mármore pulverizado misturado com cal.

XIV

Os tangedores,[95] avisados, rompem
Nas mais doces e ternas harmonias:
Os convivas levantam-se surpresos:
Derramam servos nos braseiros ricos
Perfumes sem iguais. Senta-se Herodes,[96]
Estremece Herodias.[97] Entretanto,
Escrava da cadência, mas senhora
Dos requebrados, lânguidos meneios,
Sobre as flores dos sérios tapetes,
Mais ligeira que a leve borboleta,
Mais bela que os espíritos errantes
Que à noite brincam nos rosais cheirosos,
Ela volteia, a doida bailadeira!
Na dança figurada, aos ágeis passos
Mistura os mais garridos movimentos,
Os gestos mais lascivos. Arquejante,
Às vezes para no salão do centro,
Suspira e cerra os olhos... vai, quem sabe,
Sucumbir de cansaço! Mas engano!

---

95 Tangedores: tocadores de instrumentos.

96 Herodes: Herodes Antipas, rei da Galileia e da Pereia, conhecido pelo episódio bíblico relatado no Novo Testamento por ter mandado executar João Batista e Jesus Cristo.

97 Herodias: esposa de Herodes Filipe, com quem teve uma filha, Salomé. Separou-se do marido para casar-se com Herodes Antipas, que também teve que se separar da esposa, Fasélia. Essa união foi condenada por João Batista. Nos evangelhos de Marcos e Mateus, conta-se que, durante a celebração do aniversário de Herodes, Salomé dançou de forma tão maravilhosa que Herodes prometeu dar-lhe o que ela quisesse. A jovem consultou a mãe, que a orientou a pedir a cabeça de João Batista.

Reanima-se, — ri, — levanta os braços,
Flexível como a serpe[98] encurva o corpo,
E num rápido giro, se aproxima
Do fascinado Herodes, sacudindo
Sobre seus pés as rosas da grinalda,
Entre os aplausos mil dos assistentes.
Depois, qual passarinho caprichoso,
Que das nuvens descendo, em tarde estiva,[99]
Modera o voo, quando a terra avista,
Ela os passos afrouxa, e segue a medo,
O mais lento tanger dos instrumentos.
Imita a corça, quando alegre salta;
Quando corre veloz, é viva abelha
Sobre os lírios dos vales adejando;
Mimoso colibri, quando descansa,
Tão leve, que não dobra das alfombras[100]
A mais delgada flor! Por largo tempo
Assim deleita a vista dos convivas;
Ofegante por fim, extenuada,
Faz um último esforço, e mansamente
Cai, pétala de rosa aos pés de Herodes.

98 Serpe: serpente.
99 Estiva: relativo ao verão.
100 Alfombras: campos relvados.

Mário de Sá-Carneiro

Salomé

Insônia roxa. A luz a virgular-se em medo,
Luz morta de luar, mais Alma do que a lua...
Ela dança, ela range. A carne, álcool de nua,
Alastra-se pra mim num espasmo de segredo...

Tudo é capricho ao seu redor, em sombras fátuas...
O aroma endoideceu, upou-se[101] em cor, quebrou...
Tenho frio... Alabastro!... A minha Alma parou...
E o seu corpo resvala a projetar estátuas...

Ela chama-me em Íris. Nimba-se[102] a perder-me,
Golfa-me os seios nus, ecoa-me em quebranto...
Timbres, elmos, punhais... A doida quer morrer-me:

Mordora-se a chorar — há sexos no seu pranto...
Ergo-me em som, oscilo, e parto e vou arder-me
Na boca imperial que humanizou um Santo...

101 Upou-se: saltou bruscamente.
102 Nimba-se: cerca-se de nimbo, círculo luminoso, auréola.

Apollinaire

Salomé

Para que uma vez mais João Batista sorria
Senhor, eu dançarei melhor que um serafim
Mãe, diga-me o motivo dessa melancolia
Trajada de ouro ao lado do Delfim[103]

Meu coração batia forte ao ouvir seu sermão
Quando, a escutá-lo, no pátio a dançar
Lírios numa flâmula[104] me punha a bordar
Para fazê-la flutuar na ponta do seu bastão

A quem presentearei com meus bordados?
Seu cajado, às margens do Jordão, floresceu
E quando, óh rei, o levaram os soldados
Cada lírio do meu jardim feneceu[105]

Venham todos comigo para os canteiros
    Não chore, óh tolo e belo rei
Troca seu cetro por essa cabeça e dance
Não toque na fronte gélida de minha mãe

---

103 Delfim: título usado pelos senadores franceses que tinham o golfinho (ou delfim) como símbolo em suas armas. A partir de 1340, esse título passou a ser usado pelos possíveis herdeiros do trono da França.
104 Flâmula: faixa ou tira de tecido colocada no topo dos bastões ou mastros de embarcações.
105 Feneceu: murchou.

Senhor, vá, conduza sua guarda
Abriremos uma cova e nela o enterraremos
Ao redor plantaremos flores e dançaremos
Até que eu perca minha cinta-liga
    O rei sua tabaqueira
    A infante seu rosário[106]
    O padre seu breviário[107]

106 Rosário: colar de contas usado nas práticas religiosas.
107 Breviário: livro de orações.

Biografia dos poetas

LUIZ NICOLAU **FAGUNDES VARELA**

[Rio Claro (RJ), 1841 — Niterói (RJ), 1875]

Seu pai era fazendeiro e atuou na política como deputado. Em 1859, mudou-se para São Paulo, onde terminou os estudos preparatórios e, em 1862, matriculou-se na Faculdade de Direito. Contrariando a vontade paterna, casou-se com uma artista de circo e perdeu a proteção financeira da família. Partiu três anos depois para Recife, para prosseguir nos estudos, mas a morte prematura da esposa o levou de volta a São Paulo. Alguns anos depois, casou-se novamente, desta vez com uma prima, e foi morar na fazenda do pai. Morreu no auge de sua produção poética, aos 33 anos.

MÁRIO DE SÁ-CARNEIRO

Nota biográfica já apresentada na página 99.

Seus poemas inéditos, enviados para o amigo Fernando Pessoa, foram publicados em 1937 sob o título *Indícios de ouro*. O poema "Salomé" faz parte dessa obra.

GUILLAUME **APOLLINAIRE**

[Roma (Itália), 1880 — Paris (França), 1918]

Ainda criança, mudou-se com a família para a Côte d'Azur e, depois, para Paris. Trabalhou como tradutor e, em 1909, publicou seu primeiro livro, *L'enchanteur pourrissant* [*O sedutor que apodrece*]. Amigo de artistas plásticos, como Pablo Picasso e Georges Braque, foi crítico de arte e defensor do Futurismo e do Cubismo. Preso sob a acusação de fazer parte de um grupo de artistas que roubou estatuetas no Louvre, sua obra-prima, *Álcoois*, de 1913, foi influenciada por essa experiência no cárcere. Em 1914, naturalizou-se francês e alistou-se para lutar na Primeira Guerra Mundial. Dois anos depois, foi ferido gravemente. Continuou a escrever seus poemas e a maior parte de sua obra foi publicada postumamente.

BIBLIOGRAFIA CONSULTADA

BEATRIZ

DANTE ALIGHIERI

Os olhos, lastimando o coração

ALIGHIERI, Dante. *Vida nova*. Rio de Janeiro: Athena Editora, 1937.

GREGÓRIO DE MATOS

Soneto

WISNIK, José Miguel (org.). *Poemas escolhidos de Gregório de Matos*. São Paulo: Cultrix, 1997.

HUMBERTO DE CAMPOS

Beatriz

CAMPOS, Humberto de. *Poesias completas (1904-1931)*. Rio de Janeiro: W. M. Jackson Editores, 1933.

CLEÓPATRA

PAUL VERLAINE

Uma grande dama

VERLAINE, Paul. *Poèmes saturniens*. Paris: Le Livre de Poche, 1996. Tradução do poema que compõe esta antologia feita por Maria Viana.

MACHADO DE ASSIS

Cleópatra

BANDEIRA, Manuel (org.). *Machado de Assis*: obra completa. Rio de Janeiro: Aguilar, 1997. v. III.

OLAVO BILAC

Cleópatra

BILAC, Olavo. *Poesias*. Rio de Janeiro: Livraria Francisco Alves, 1961.

DULCINEIA

MIGUEL DE CERVANTES

Soneto

CERVANTES, Miguel de. *D. Quixote de La Mancha*. Lisboa: Círculo de Leitores, 2005. v. 1.

ÁLVARES DE AZEVEDO

Namoro a cavalo

RAMOS, Péricles Eugênio da Silva (ed.); SIMON, Iumna Maria (org.). *Álvares de Azevedo*: poesias completas. São Paulo: Imprensa Oficial; Campinas: Editora da Unicamp, 2002.

NICOLAU TOLENTINO

Quixotada

TOLENTINO, Nicolau. *Obras completas de Nicolau Tolentino de Almeida*. Volume I — Sonetos e Quintilhas. Porto: Campo das Letras, 2008. (Coleção Obras Clássicas da Literatura Portuguesa.)

HELENA

PIERRE DE RONSARD

Para Helena: XXIV

RONSARD, Pierre de. *Les amours*. Paris: Classiques Garnier, 1963. Tradução do poema que compõe esta antologia feita por Maria Viana.

ALMEIDA GARRETT

Ai Helena!

GARRETT, Almeida. *Folhas caídas.* Porto: Porto Editora, 1985.

HENRICH HEINE

Helena

HEINE, Heinrich. *Nouveaux poèmes.* Paris: Gallimard, 1998. Tradução do poema que compõe esta antologia feita por Maria Viana.

JULIETA

WILLIAM SHAKESPEARE

Romeu e Julieta: Ato III, cena V

BILAC, Olavo. *Poesias.* Rio de Janeiro: Livraria Francisco Alves, 1961.

ALPHONSUS DE GUIMARAENS

Soneto de Romeu

GUIMARAENS FILHO, Alphonsus de. *Alphonsus de Guimaraens*: poesia completa. Rio de Janeiro: Aguilar, 2006.

CRUZ E SOUSA

O desembarque de Julieta dos Santos

MURICY, Andrade (org.). *Cruz e Sousa*: obra completa. Rio de Janeiro: Aguilar, 2000.

LAURA

PETRARCA

Ora eu tivesse tão piedoso estilo

PETRARCA, Francesco. *O cancioneiro de Petrarca*. Rio de Janeiro: Livraria José Olympio, 1952.

JOÃO DE LEMOS

À Laura

TORRES, Alexandre Pinheiro (sel.). *Antologia da poesia portuguesa (séc. XII-XX)*. Porto: Lello & Irmão, 1977.

CESÁRIO VERDE

Arrojos

PINTO, Silva. *O livro de Cesário Verde (1873-1886)*. Lisboa: Typographia Elzeviriana, 1887.

LÍDIA

HORÁCIO

Ode VIII — Diz-me, Lídia, rogo-te

HORÁCIO. *Odes*. Lisboa: Livros Cotovia, 2008.

FERNANDO PESSOA

Vem sentar-te comigo, Lídia, à beira do rio

GALHOZ, Maria Aliete (org.). *Fernando Pessoa*: obra poética. Rio de Janeiro: Aguilar, 1999.

CORREIA GARÇÃO

XII — Contigo, Lídia, moram os Amores

SARAIVA, Antônio José (org.). *Correia Garção*: obras completas. Lisboa: Livraria Sá da Costa, 1957. v. I.

MARÍLIA

BOCAGE

17 — Marília, nos teus olhos buliçosos

BOCAGE, Manuel Maria de Barbosa du. *Obras de Bocage*. Porto: Lello & Irmão, 1968.

TOMÁS ANTÔNIO GONZAGA

Marília de Dirceu: Parte I, Lira VII

FILHO, Domício Proença (org.). *A poesia dos inconfidentes*: poesia completa de Cláudio Manuel da Costa, Tomás Antônio Gonzaga e Alvarenga Peixoto. Rio de Janeiro: Nova Aguilar, 1996.

ALVARENGA PEIXOTO

18 — Marília bela

FILHO, Domício Proença (org.). *A poesia dos inconfidentes*: poesia completa de Cláudio Manuel da Costa, Tomás Antônio Gonzaga e Alvarenga Peixoto. Rio de Janeiro: Nova Aguilar, 1996.

OFÉLIA

ALCEU WAMOSY

Ofélia

WAMOSY, Alceu. *Poesia completa*. Porto Alegre: EDIPUCRS; Instituto Estadual do Livro; Alves Editores, 1994.

MÁRIO DE SÁ-CARNEIRO

A inigualável

SÁ-CARNEIRO, Mário de. *Obra poética completa (1903-1916)*. Mira--Sintra: Mem Martins, 2001.

MACHADO DE ASSIS

A morte de Ofélia: (Paráfrase)

BANDEIRA, Manuel (org.). *Machado de Assis*: obra completa. Rio de Janeiro: Aguilar, 1997. v. III.

SALOMÉ

FAGUNDES VARELA

Anchieta ou o Evangelho nas Selvas: Canto IV

TÁTI, Miécio; GUERRA, E. Carrera (org.). *Poesias completas de L. N. Fagundes Varela*. São Paulo: Companhia Editora Nacional, 1957.

MÁRIO DE SÁ-CARNEIRO

Salomé

SÁ-CARNEIRO, Mário de. *Poemas completos*. Lisboa: Assírio & Alvim, 2007.

APOLLINAIRE

Salomé

APOLLINAIRE, Guillaume. *Apollinaire*: œuvres poétiques. Paris: Gallimard, 1965. Tradução do poema que compõe esta antologia feita por Maria Viana.

Este livro foi composto com as
tipografias Bely e Serenity e impresso
em papel offset 120 g, em 2024.